JN438371

고래가 사는 집

시와사상 시인선 22

고래가 사는 집

김 곶 시집

시와사상사

시인의 말

한 해의 끝자락에서
고흐의 낡은 구두를 본다

아직 읽어내지 못한
날것의 미완이 비리다

생채기 무늬를 옷으로 입으며
몇 해를 더 들판을
거닐며 흔들려야겠지만,

흙을 털어내며
해가
기울고 있다

2014. 12월
김 곳

차 례

제 2 부

차례

제 3 부

제 4 부

제1부

침입자, 허를 찌르다

모든 시작은 틈에서부터 온다
봄바람에 실려 팔랑이는 치마의
날개를 틈틈이 분석해 보는데
자꾸만 거슬리는 입자
사랑해.
허연 제 허벅지가 흘금흘금 먹히는 줄
모르고 경계를 넘을락 말락 아지랑이
피우게 하는 것도 저 묘약 때문
주방 조리대에 까만 쥐똥 한 알이
비상처럼 놓여 무방비의 나를 겨누고
누군가 노린 틈새에 뒤통수를 한 방 맞은 아침
아찔하게 내게 몇던 천리향 당신이었나, 자꾸 붉
어지는
사랑해가 키스를 원해

베란다 방충망 귀퉁이에 구멍이 뚫렸다

하의실종 시대

지하철 맞은편 좌석에 앉은 여자아이 허벅지
꿀벅지, 조마조마 곧 결승점이야
아직은 철없는 영혼이라지만 그래도, 치마 속
유리문은 좀 그래
안절부절 비포장 길 달려온 오래된 관습은,
함부로 훈계하기엔 납작한 빈대코 인지라
교복치마가 깡총댄다 얘야, 꿀 먹은 벙어리로
나는 제 다리만 오므리고 만다
입은 듯 안 입은 듯 존재감의 궁금증은
'핫' 한 것이 노출인지 실종인지 중심을 놓치는데
뭐가 어때서, 한때 유행인 걸
핫팬츠가 대세인 요즘 세대
갑갑한 세상 '쿨' 한 게 좋다는데

실종된 건 하의가 아니라 있어도 허울뿐인 실존의
실종

그깟, 손바닥만 한 이념의 눈금을
초스피드로 열광하는 세계화의 문전에 들이대긴
좀 그래, 이 시대는 현재

눈부신 질주의 순간
꿈을 좇는 시간들은 빙판처럼 냉혹하지
뜨거운 시선을 몰아가는 건 존재감의 필사적 승부
폭발적 스피드스케이팅이었어, 소치 금메달리스트
이상화 꿀벅지에는 선그라스를 끼울 수도 있단다

구지가를 부를 테다

누가 내 고단한 어깨에 눌러앉았나
사모관대 차려입은 먹구름 행성의 훈계가
말귀 열리던 날부터 아니, 걸음마로 바닥을
딛던 순간부터 날개 돋던 어깨에 가부좌를 틀었나
반듯한 철칙에 세뇌된 의상은 내 가계의 핏줄
타인 앞에 경직되는 불편한 유전자를 가졌나
이제 그만 누대의 혈통 끊고 나만의 민둥산이 될 테다
구석구석 먼지를 닦고 식탁을 물려도 끝나지 않는
가족사의 여정 내 휘어진 등에 납작 엎드려
망산도* 목 없는 거북들 마냥 꿈쩍을 않네
내 등덜미 붙드는 거북을 몰아내 주오

'갑옷이네 갑옷'
팔 걷어붙인 경락전문가 손끝에서
우드득, 우드득 아우성치는 거북들

썩! 나오지 않으면,

(거북아 거북아 머리를 내놓아라
만약 내놓지 않으면 구워 먹으리)

---

* 김해 망산도에는 목 없는 거북바위들이 많이 있는 풍경이 있다.

책장에 갇힌 노래여

반쯤 뜬 눈이 몽롱하다
세상 어디쯤 헤매는가 나는
안개 자욱한 눈앞 벽을 두른 봉안당*인지
칸칸마다 글체의 영혼들 가물거린다

어느 명절 다녀왔던 실로암인가
꿈속의 꿈은 모르는 거리를 가노라**
소월인지 용운인지 안개에 묻혀 어깨동무한
활자들 비목처럼
없는 가슴 맞대고 있다
절망의 강에 흐르던 울프의 사랑도
디킨슨의 고독과 죽음도 칸칸 벽의 책장에
은자의 먼지 옷 한 벌 입었다

애걸복걸 시의 영감은 어디서 나를 헤매는지
슬픈 열대***는 아직도 눈물 없는 오지의 밀림
고독한 날갯짓으로 허공을 노래하는 새처럼
의식과 무의식의 교차점에서 다시 중얼댄다
봉안당 영정 향해 절하던 여인처럼

대문호의 영혼들 머문 책갈피들 펼쳐들면
수 천 수 만 장의 날개가 되는
그 깃털 같은
시 한 편을 생각할 수밖에 없다

---

* 납골당으로도 불리는데 시체를 화장하여 그 유골을 그릇에 담아 모셔 두는 장소.

** 박용래, 「꿈속의 꿈」에서

*** 레비-스트로스

발자국의 배후

오후 햇살이 허공을 건너오는 서녘의 바닷가를
검정단화 신은 그대와 걷는다
노동이 만들어낸 근육으로 풍랑을 헤쳐 달려온
고깃배들처럼
푸른 바다는 만선의 햇살 부리고 있다
땀범벅으로 꽥꽥대는 만원버스를 견뎌야만
더위라도 피할 수 있었던 어릴 적 피서지
떠난 후 펼쳐 본 적 없이 오래 접어 둔 기억이다

자고나면 바다를 삼키는 모래톱의 배가 벌판이 되어
나는 이른 나이에 벌써 멀어지는 바다를 그리워 했다
내 꿈은 언제나 수평선 너머 흰수염고래를 뒤쫓았으나
파도의 물거품 되어 다시 일어서는 연습으로
생의 바다를 걷고 또 걷는 중이다

유배지처럼 모래바람만 떠돌던 도시의 서녘
오늘은 분수가 솟고 공원이 들어서 있다

바람 속 그대가 나를 키운 발자국의 배후처럼
파도가 다녀간 백사장에 겹겹의 주름 남는다

그대의 팔짱을 끼고 바위전망대 전환점을 돌아
출렁다리 지나 해수천을 잇는 산책로를 걸으며
우리는 잘 익은 햇살을 먹으러 가는 중이다
갸우뚱 인생이 기운 남자의 휠체어를 밀고 가는
여자를 지나 분홍 귀를 찰랑대며 빨간 치마가 깜찍한
애완견의 종종걸음을 지나 산책로를 빠져나가는
하늘의 푸른 여백은 곧 노을의 만찬이 시작될 것이다

전망 좋은 자리마다 고층 빌딩들이 일어서고 있다

빨간 우산이 찍혀 있었다

가만가만 내리는 비를
젖은 햇살이라 부를 때
얇은 봄볕 같은 가운을 걸쳐 입으니
묵묵히 내 체온이 먹혀도 좋았어요
함월산 기림사는 고요한 풍경에 든
나무와 새순과 또 당신과 나를 먹네요
따끈따끈한 나를 감쪽같이 먹는 비는
소리 내어 웃어본 적 없을 나한전 앞
3층 돌탑도 한 입 한 입 먹고 있어요
당신과 걷고 싶었던 식욕은
커지는 고요만큼 허기를 감지한 것인지
사각사각 기척하는 마사토길 마당의
내 발자국 먹는 소리로 군침 돌아요
당신에게 한 입 먹히는 것이 비약인 오늘
꿀꺽, 담백한 나의 식성은 대적광전
저 청초한 맨 얼굴의 실오라기 하나
걸치지 않은 나신을 먹어볼까 싶어
눈짓을 하다, 인증 샷을 찍어요

툇마루 기둥에 기댄 새빨간 우산

저 매혹의 치명적 데커레이션

비밀의 문

빈집에 들어서는 일
어떤 이에겐 안이거나
어떤 이에겐 또 다른 밖일 텐데
관문은 둘, 혹은 셋 통과해 안이라 들어선
바다의 집 밖으로
걸리는 것은 그리움, 애타게
전화벨이 된 파도 소리를 받네
벌거숭이로 가로등불 품던 멜로디를 듣네
안이었다가 또 다른 밖이 되는 유리창
내가 내 둥지 하나를 벗어 놓고 떠나 있는 동안
나를 안으로 비춰 주는 방, 레브라도라이트 회색빛
신비를 닦아 보네
일인 좌석이 두 개 놓여 있고
백지가 지워지고 있는 바다
누구 것인가 묻는 턴테이블이 떠 있네
너 없이 오롯이 안에 있을 수 없어
달빛 문스톤 언약의 고리를 엮어 두고
바다로 가는 키의 비밀번호를
궁리 중이네 오늘,
녹슬어 가는 문들은 벙어리처럼 잠겨 있어

고래가 사는 집

바다는 모든 물고기에게
푸른 세상일까, 그곳이 전부였던
물비린내 나는 가엾은 지느러미들아
못 본 척 밤낮 네게 눈 뜬 외눈박이
가로등이 묻는다
어둠을 탐하는 일 유일한
어둠이 내 품속이었던 간밤 전율하며
금지되어 더 까맣게 타는 갈증의 밤이다
한 마리 고래가 망망대해
먼 곳을 떠돌다 들어서는 2층집에
오늘 콧노래가 흐르고
너와 나는 한뎃잠 안아줄 온기가 필요해
수염 돋던 첫 밤인 듯 사랑스러운 고래
엉덩이 실룩거리는 불빛 보드라운 밤
얼룩진 소금꽃자리 마른 등을 파도가
찰박찰박 몸 비벼 슬어주는 해변의 집
네 품으로 자꾸만 눈이 돌아간다

갸우뚱한 계절

둥글둥글 탐스러운 여자의 맨몸을
뽀얗게 그려놓고 '가을' 이라 표현한
그림 앞에 한참을 서 있던 적 있다
그 가을은 겨울을 지나 또 봄이 올 것이다
시린 바람꽃 하안거에 들었으나
알차게 영근 감자와 둥실 차오른 박으로
풍성한 목욕탕은 오늘도 가을
구석자리 겨우 차지하고 앉아
머리를 감는데 등 뒤에 서 있는
불편한 여자, 칠 부 속바지를 입은 채
한 동안을 지켜 서 있다
건너편 빈 자리가 생겨도 요지부동
오래 기다려도 상관없다며 이곳만
고집한다, 칠 부 속바지를 입은 여자

머리카락에 하수구 물이 고이고
냄새나는 구석자리가 좋다는데
내 의지 말고는 아무 빛깔도 없이
무심한 그녀의 황량한 벌판이 궁금하다
칠 부 속바지 속에 보이지 않는 하체의

칠 부가 궁금하다
칠 부 능선을 넘지 못한 채 서둘러
목욕탕을 빠져나오고 있는 오늘

난로, 여자의 마음

따뜻한 것의 내막에 대해 가끔은 의문을 품어야 했다

난로는 무엇으로 뜨거워지는가
뜨거운 가슴은 무엇으로 꽃피는가

추운계절 별도 없이 지날 때
기억하라 장작의 단단한 눈물에 대하여
차디찬 벽 뚫고 제 가슴 내밀어 준 정맥의
푸른 코드,
제 전부를 태워 갈망하는 불꽃의 광기는
한 줌 재처럼 쓸쓸히 사라진다

차갑게 몰락해가는 여자가 운다
안을 수 없는 난로를 지켜보는 것이
오래 따뜻해지는 사랑을 갖게 된다지만
기억하라 황홀한 불꽃은 절멸한다
온통 붉은 것은, 온통 뜨거운 것은 다
사악한 혀를 가졌다

그러나

추운 겨울이 슬픈
너와 나 사이
계절과 계절 사이
냉정과 열정 사이
행간의 욕망은
얼마나 뜨거운가

향하다

길어진 햇살의 날개 끝이
창가로 나를 당겨 앉힌다
둥글게 밀어올린 이파리들
빨갛게 빛나는 꽃 입술로

안스륨, 안스리움, 안수리움, 안시리움

제 이름 앞에 부정부터 앞세워
날 닮은 푸른 날의 시린 얼굴
꼬깃꼬깃 움켜쥔 시간들이
햇살에 눈뜨며 기지개를 켠다
창 밖 오직 그대만 응시한 채
나비의 날갯짓으로 태양까지
일억 오천만 킬로미터의 허공
이글거리는 혼돈의 열대를 헤매다
한 모금 물은 또 한 걸음의 희망
날마다 푸르게 뻗는 그리움 하나로

빛살에 눈 멀어 캄캄해도 모르게

바다의 눈물이 마를 때

– 소금광산

비엘리츠카의 칠월을 통과하는 길목은
바다를 꿈꾸기엔 잠들기 힘든 사랑이었어
땀방울 젖은 기다림으로 매표소 줄을 당기면
두근거리는 135미터 지하 갱도 속
나무계단을 따라 움츠린 발걸음을 떼며
하강하는 거대한 암염巖鹽의 땅
단단한 속살이 빙산처럼 하얀
바다의 무덤은 광야의 배후
미로의 동굴에 갇혀 동화의 땅을
찾지 못한 난장이와 조랑말의 어둠
망아지부터 평생 소금수레를 끌어도
늙은 주검으로나 세상 만날
말馬들의 꿈 없는 꿈
층층이 쌓인 시간의 벽과 벽 사이
바닷길 잠든 포말의 속삭임을 읽는다
푸른 노래에 춤추던 해초들아
어여쁜 물고기들아
네 꿈으로 안녕
바다의 눈물이 마를 때, 출구를 나서는
그대 눈동자에 빛나는 결정체들

아픈 정원을 걷다

나가사키의 구라바 엔*은
푸치니 오페라 음률이
구름처럼 떠돌고
얼음인형의 그림자 같은 나비**들
졸음에 겨운 매너리즘에
유령처럼 어슬렁거리지
나른한 햇살이 속삭이는
불꽃 같은 사랑이야기는
애달픈 날갯짓으로 지구를 돌아와
누구나의 가슴에 앉을 것도 같은 날
권태에 익숙한 나비의 영혼 떠돌고
화상의 흔적은 질긴 불멸의 심장으로
수많은 발자국에 무수히 또 피어나는
꽃은 아닌지
세라복의 여학생들 초록인지 꽃인지
재잘재잘 겨울 햇살을 까며 지날 때
오래 웅크린 나무들의 화색이 돌고
노을에 젖은 나가사키 항을 향하여
은빛 나비 떼들 바다로 꽃잎처럼 진다

떠나지 못한 사랑이 자꾸만 밟히는

글로벌공원

---

* 일본 나가사키에 있는 글로벌공원에는 나가사키를 무대로 한, 푸치니의 오페라 나비부인 공연기념장이 전시되어 있다.

** 고양이

이별로 가는 기차

슬픔을 미리 울고 가는 기차를 만났네
달맞이 언덕 문텐로드를 바투* 걷는데
산 벚꽃 하얀 목덜미를
제비꽃 무리 보랏빛 손수건이 펼쳐 받네
사스레피나무들 무덕무덕 따라 붙는
동해남부선, 여기는 삼 포** 별바다 이별역
복선 되면 끊길 기차소리, 수직으로만
목이 길어지는 소나무 다리들 사이로
이별통지서 같은 안내문을 읽고 가네
칸칸마다 안겨드는 삼 포의 흰 포말들
어디서 누가 연착하기를 바라나
제 가슴속에서 살점으로 일렁이며
칙폭칙폭 거친 숨 모는
봄날 하오
만남과 이별의 간이역 밥 먹듯 지났으나
이제야 첫 이별에 도착한다는 듯
종착역에 몸 부리는 일, 뒤돌아보지
못하겠네

오래 사용한 뼈마디 굽어 도는 이쯤 어디

쇳덩이 삭도록 달리고픈 기적소리 허공을 찢고
풍경 몇 구간 추억하는 일, 달빛 자국마다
새겨지겠네

---

* 두 대상이나 물체의 사이가 썩 가깝다는 뜻
** 구덕포, 미포, 청사포

제2부

에펠탑은 문어발을 가졌다

피도 눈물도 없는
연체동물 유전자를 이식받은 건지
에펠탑은 문어발을 가졌다지
제 식성은 토종인 신종 글로발족이
길 건너에 똬리 틀고 빵을 굽는다
발자국들 하나씩 지워질 때면
풍년빵집 주인여자 석자나 빠진 코
시름시름 혈색 잃어가지만
이웃들 눈인사 구름에 부풀려
구멍 난 햇살에 야윈 하루를 굽는다
웃음이라도 빵빵한 오늘이 나와야 할 텐데
길 건너 이국스타일의 에펠탑은 문어발
동네 빵집 햇살마저 삼켜버려
앙꼬 그득한 단팥빵도 못난이 곰보빵도
향수鄕愁에 묻혀 먹히질 않는다지
동네 빵집 레시피는 유통기한 지나 간 세대
궁여지책 햇살에 내건 '30% 세일' 은
유리창에 365일 나붙은 신 메뉴

루왁커피 한 잔 하실 텐가

더 특별한 존재를 쫓던 혀끝의 욕망이
고양이똥 커피 맛에 입소문이 돌았다
평화롭던 인도 수마트라 숲 속에 긴 꼬리
종족들이 포획되기 시작했는데
예사롭지 않은 똥을 배설한 것이 죄라면 죄
최상의 커피를 원하는 자
최고의 최고를 원하는 자들, 꼬리에 꼬리를 물고
빈곤한 원주민이 다그친다
루왁, 네 똥을 마냥 기다릴 수 없다
돈돈돈돈, 내가 너의 주인이야
어서어서 똥을 싸야지 어서
황금알을 낳아줘
네 똥이 이제, 진짜 똥 인 거야
먹이통에 푸른 원두 열매만 뒹굴고
우리에 갇힌 사향고양이 캄캄한 지옥은
배설의 자유조차 박탈당한 채
백내장으로 눈은 멀어간다
제 영혼 찾느라 살을 뜯어 후빈다
아, 커피의 낙원을 음미하는 자여

새까맣게 볶아낸 사향고양이 어둠을 갈아
루왁커피 한 잔 하실 텐가,
쓰디쓴

우리의 영원한 쫑!

개들에게 여름은 죽음의 강이라지만,
개 같은 날,
팽나무 가지에 목줄이 감긴 쫑,
이럴 수는 없어요 주인님,
주인님을 위해 죽으라면 죽는 시늉까지도
할 수 있지만,
닭 모가지는 비틀어도,
토끼 목은 따더라도 주인님,
주인님,
사내가 내리친 쇄 파이프에 깨갱,
주인밖에 모르던 쫑,
발버둥 쳐봐도 눈이 뒤집힌 게 개인지
주인님인지,
한 번 더 내리치는 몽둥이질에
목숨조차 절대복종인가요,
죽음을 뒤집어쓴 쫑이 꼬리를 늘어뜨리자
주인의 집념이 마지막 한 방을 더 내리쳤다

죽기 전에 모든 목숨은 마지막 바운스를 친다는데
발악하던 쫑의 목줄이 그만 툭, 끊어진 것이다

뒤집힌 세상을 원망할 겨를도 없이 냅다 튀는
절호의 찰라, 쫑의 덜미를 붙잡는 한 마디,
쫑!
마법에 걸린 듯 발이 멈추었으나 본능의 속도는
이미 몸을 돌린 순간 그러나,
한 번 더 날아와 옥죄는 비수
쫑!

어제는 없는, 내일을 꿈꾸다

초록을 갈아엎기까지 딱 이틀,
진종일 전기 톱날이 사납게 으르렁대고
오래 서 있던 소나무들 기린처럼
쓰러졌다
과묵했던 나무는 죽음 후에 세상으로 간다
고요한 숲 이야기 나이테에 새기던 나무들
분류되어 말없이 내 곁을 떠났다
소리 내지 않는 울음 무덤으로 남기고
숲이 사라진 빈터에 공사 중인 오늘
풀벌레는 아직 숨 가쁜 이동 중이라는
거친 바람의 말 공사장에 떠돈다
얼마나 더 달려야 공사는 끝나는 것일까
오지를 찾아 떠난 들짐승처럼
서로의 어깨 토닥여주던 다정한 손
그리워하며 창문을 닫는다
초록으로 흔들리던 어제는 지워지고
고통을 소리 내지 않는 이들의 울음이
떠돌고 있다
산을 등진 고등학교 운동장과 나란히
바닥을 드러낸 상심한 얼굴 위로

무료한 햇살이 켜켜이 내려앉는 동안
출입금지 팻말이 서 있던 자리에
잡풀이 돋고

홍해를 가르는 지팡이

나는 누구인가, 지하철 인파에 묻혀서도
불쑥불쑥 내 안의 턱을 괴는 존재의 화두
두 행의 시 속으로 배를 띄우는데 툭,
퓨즈가 나갔다 끊어진 화면을 지우며
아코디언 멜로디를 앞세운 맹인 악사
어수선한 바다를 가르며 간다
사랑은 언제나 온유하며… 사랑은…,
건더기 없는 국물처럼 흘러나오는
경음악을 타고 손을 내민 빨간소쿠리에
소금기로 버석거리는 사랑은 동전 두어 개
죽은 물고기 담긴 마른 소쿠리가 비리다
푸른 물고기라도 몇 마리 걸려든다면
검은 바닷길 기적처럼 열릴 것도 같은데
더듬더듬 지팡이는 어둠의 바다를 지나
그림자의 턱을 괴며 빈 배로 떠간다

모세의 기적을 만나기엔 더 걸어야 하는 노정
성경 구절을 한 장 한 장 넘기며 지팡이가
간다

주전자는 좀, 뚱뚱했어

– 겨울밤의 기억

코끼리 코를 닮은 주둥이를
묶을 수 있었다면 내 청춘의 푸른 잠이
좀 더 깊고 포근했을 것도 같았지
모자를 쓴 머리는 조심조심 다뤄야 한다는 걸
나는 그때부터 알게 됐어 허름한 아궁이에 불이
들지 않는 수련의 계절
까딱 잘 못 하다간 뚜껑이 확, 열리는 머리였어
조심조심 온기를 껴안고 꿈꾸던 어둠 속
선인장 가시가 돋은 내 사춘기는 아무도 이해할 수
없는 계절이야, 시린 겨울을 지나는 밤마다
뜨거운 몸통이 된 주전자는 아프리카 사막을 걷지
담요에 감싼 너를 안고 날 선 잠으로 지나왔던
깜깜한 저 겨울밤들, 네가 있어 따뜻했지만
내 가시들은 시들고, 몇 해의 봄볕으로 이미
커버린 나마저 너무 뚱뚱해져 이제 안을 수 없는
그 겨울밤들

껍데기의 단상

바깥은 이제 나를
함부로 공격하지 않는다

격전지를 지나
휴양지로 향하는 짐을 꾸리며
안일함에 젖어있던 사이 나는
비수에 찔렸다
내부의 반란이었다
내막의 깊이는 가늠하기가 어렵다
회한의 고통 속에서
캄캄한 지옥을 생각하곤 했다
이쯤 되면, 반항이 아닌
반란의 시점이다
이쯤에서 내 임무를 완수했다는
평화의 시간이 오류일 때가 있다
상한 통증을 그대로 덮어둔 적
있다면 긴장을 놓지 않아야 했다
안팎은 적군도 아군도 아닌 관계
객관적 거리에서 뜨거운 눈물로
무릎 꿇어야 터지는 봇물이었다

트라우마를 가진 알맹이는
밖으로 나아가야 할 내면內面
알맹이가 아프면
껍데기도 아프다
오늘
세상을 향해 단단한 방패를
두르지만, 내부의 공격은
대물림처럼 따라붙는다
알맹이는 이렇게 통증을 견디며
껍데기가 되어간다

종이배가 돌아오는 저녁

바다는 너무 멀고 깊어서
수평선 너머 너를 보내는 마음은
종이배를 풍랑에 띄우며 마음부터 젖었다
천 마리 종이학을 접으며 기도하던 네 어린 날이
봇짐 진 유학으로 신세계를 향했지만
화려한 항구는 네 파란 종이배가 정박하기엔
외롭고 쓸쓸한 난항의 정착이었으니
수백 개의 종이배를 접는 날들이었다
사랑은 원래, 고독이 수평선을 걸을 때
천사의 날개옷을 빌려 입고 오는 것이란다
순수한 첫 마음의 사랑은 예쁘지만
종이배처럼 젖어 찢어지기도 한단다
마음만으로 바다를 건널 수는 없지 않니,
카멜레온의 얼굴을 가진 사랑을 만나고
두 개의 얼굴이 된 네가 돌아와 주다니
힘겨운 항해를 견딘 네 파란 종이배가
위기를 넘기며 돌아오는 저녁
이제 젖은 종이배는 접어 책갈피에 넣자
물기가 마른 종이배를 바라보는 저녁은
감회의 바다로 잔잔해질 것이다

버려진 우산

비 그친 뒤
은행자동화 창구 유리문 모서리에
검정우산 하나 널브러져 있다
애도하는 이 하나 없는 최후
날갯죽지 부러진 까마귀 주검 같다
비상을 꿈꾸기는 해 본 것일까
비바람 막아내던 빗속의 시간들
방울방울 흩어져 바다로 떠나고
접힌 날들 허공에 펼치던 회한이
골절된 시계바늘로 멈춰있다

빗물인지 눈물인지 모르게 젖는
오늘이 호우지시절好雨知時節

게도 고둥도 아닌,

20년 넘게 하던 일 접게 된
친구와 둘레길 걷는 한낮
가을 태양은 아직 뜨겁고 파도는
여전히 이팔청춘으로 뛰고 난다
평일 낮에 실컷 돌아다녀 보는 것
꿈이었다던 친구와 걷는 영도 절영로
해안 둘레길은 신이 내린 선물이다
파도치는 절벽 위로 따개비 닮은
집들이 날마다 파도소리에 눈뜨고
잠들며 푸른 세상 끌어안고 산다
파도 사나운 해변 돌멩이 틈새로
옹기종기 모여든 새까만 고둥무리
다 같은 고둥 같아도 가짜가 있다
고둥의 빈집에 제 둥지를 튼
게도 고둥도 아닌 게 고둥
쏙 내민 집게발로 줄행랑을 친다

가짜가 바위틈으로 총총 사라진다

미안하다, 미안하다

미안하다, 미안하다 아들아
딸아, 이 세상 어른인 것이
부끄럽고 미안하다
기다리라는 말, 철썩같이 믿고
기다렸던 내 아들아 딸아,
네 엄마를 믿고 네 아빠를 믿고
이 세상 어른들을 믿었던 그 간절했던
기다림, 끝내 지켜주지 못하고 말았다
팽목항 바다 밑으로 침몰한 세월호는
이 나라가 키운, 병들어 부패한 어른들이
키운 괴물이었구나
차가운 물 속에서 죽어간 내 새끼들
눈 뻔히 뜨고도 지켜주지 못해 통곡한다
시퍼런 바다 밑에 생목숨 밀어 넣고
주검이라도 감사하다고 울부짖어야 하는
못나고 못난 네 부모여서 이렇게밖에 못한
부끄러운 어른이어서 미안하고 미안하구나

소라계단

소라껍데기 귀에 대면
파도소리가 들린다니, 소라는
온통 바다 생각만으로 살았다는
말 같다
오랜 세월 묵은 것들 새 물결에 변해가도
중앙동에는 온통 한 생각만으로 바다를 품은
소라껍데기 닮은 사람들이 모여 사는가 보다
오래된 필름처럼 낡아가는 간판들
호시절 희미해도 수묵화처럼 정靜적인
골목골목의 풍경은 인생의 화선지다
높은 곳을 향한 갈망이라기보다 소통의
방편이었을 소라계단 돌돌 감아 오른다
콩나무를 타고 하늘에 오른 동화 속
재크를 만날 것도 같은 하늘 아래 동광동
집들의 벽과 벽 사이 계단이 하늘로 향한
사다리다
미궁처럼 구불구불한 삶의 끝에 서로의
다리를 놓아 내일의 꿈을 잇는 미래
빌딩 숲 사이 푸른 바다가 펼쳐진 부산항에
뱃고동 소리 울려 퍼진다

춤추는 얼룩무늬 가죽

구름이 깃털을 내 거는 햇살 좋은 날
산복도로 옥상 빨랫줄에 짐승 가죽이 펄럭인다
허리 굽도록 평생 몸에 익은 노모의 거죽
먹이를 구하던 두 다리 늘어뜨리고
허공에서도 긴장의 끈 놓지 않는지
알몸 빠져나간 빈 가죽을 연신
흔들고 있다
고지의 바람은 거칠어서
실크도 밍크도 아닌 얼룩무늬 나일론 거죽
수십 년을 매일같이 깃발 날리며
고지를 지킨다

지렁이의 순례

후두둑 후두둑 비 쏟아지면
하나님 노크인 줄 아는지

후두둑 후두둑 비 쏟아지면
목마른 자 위한 은총인 줄 아는지

빗방울 땅에 닿을 때마다
요단강이라도 건너겠다는 건가

어둠 속 흙이나 파먹던 까막눈으로
빗속을 건너는 오체투지

눈도 귀도 없이
세상 캄캄한 발길질에 밟히고
밟히어도,

너는 간다

아, 로드킬

딸바보 민지아빠

세상이 카메라 렌즈를 들이댄다
다 큰딸 민지를 업고 시장 보는 남자에게
갸우뚱한 풍경에 시장사람들 커진 눈도 뒤따른다
유치원생 민지아빠는 3급 장애인
사람들과 부딪힐까 세상에 내려놓을 수 없는 딸을
가던 길 멈춰 서서 몇 번이나 부추겨 업는다
민지 낳고 1년 만에 떠나버린 아내
의지하던 모친마저 먼 하늘로 떠나서
민지와 달랑 둘뿐인 가족이다
민지는 컸다고 아빠 발톱 깎으며 묻는다
90점짜리 아빠에게 자꾸만 묻는다
그런데 자꾸만 아빠는 모르겠다, 그래도
세상에서 민지밖에 없는 아빠
세상에서 아빠밖에 없는 민지
마음 밝히는 행복한 잠 저편으로
민지의 내일은 동쪽으로 자라고
아빠의 내일은 서쪽으로 자라는데
평화롭게 잠든 그들의 바깥은
독수리 눈을 가진 TV 화면처럼
깜박이고 있다

엄마가 된 우렁이

뱃속에 알을 낳아
제 살 먹여 새끼 키워낸다는 우렁이 이야기를
빈집 지키던 어미 귀로 들었습니다
나아질 것 없는 살림에 가슴으로 낳은 딸 하나
세상에 가장 귀한 선물이라 품고 사는 어미가 있답니다
떠오르는 해를 따라 고깔모자 멍에처럼 쓰고
박음질로 종일 논두렁 흙바닥 기어가는 미싱공
처녀 적 밥벌이 시집가서도 놓지 못해
맨몸으로 가는 인생 가도 가도 거기가 거기
애물단지 들여 제 살 먹히는 줄 모르고
사흘들이 타는 맘은 캄캄한 회오리 속
쓰디쓴 인생사 오직 소원이던 꿈같은 말
'엄마' 라는 그 한마디가 사는 날 행복이어서
논물에 빈 몸뚱이 하나 헛껍데기로
둥둥 뜨고 있는 줄 모릅니다

제3부

무영탑

떠도는 구름만 그리다
그림자 되어 잠드는 수심 깊은 영지*에
오늘도 불국사 석가탑은 떠오르지 않는다네
사랑은 불꽃같이 날아와 심장을 태우고
오직 그대 향한 그리움으로 꺼지지 않는데
날마다 돌 쪼는 소리 날아와 나를 붙들고
세상의 귀는 제 길만 찾아 문을 열고 닫네
우리는 언제까지 기다려야 하는가 아사달 그대여
우리 울음은 소리 낼 수 없어서 흐느껴야 하는 밤
그대 쌓다 만 돌탑에 내 눈물어린 달빛 보이는가
나만의 그대 아사달, 나만의 그대 아사달
오늘도 어둠 속에 떠돌 우리 사랑의 그림자들
역사의 계보에 본론보다 긴 각주를 달아 놓고
내일은 뛰는 가슴으로 달려가 그대 안을 수 있게
그대의 두 볼 부빌 수 있게 그대 석탑에 내가 잠들리

---

* 아사녀가 아사달의 석가탑 완성을 기다리다 빠져 죽은 호수

겨울나무

마치
펑펑 쏟아지던 눈이
멈춘 것처럼
사랑도 멎어버렸지
겨울이 와도 내 나라의 흰 눈은
두 손을 감춘 특별한 선물처럼 내려서
눈부신 그 기쁨을 기약할 수 있을지
무성하던 초록도
장밋빛 계절도 꿈만 같아라
빈 가지로 앙상하게 서 있는 날들
시린 바람만 황야에 떠돈다

내게 와줄 희망의 꽃이라곤
봄까지 잠들지 않게 나를 깨울
차갑고 달콤한 네 입맞춤 뿐

옥잠화 피는 집

고향집 향한 사내의 심장이
처음 가출하던 기억의
귀환으로 벌떡였지요
평생 입던 노모의 허물이 된 집
감추어야 할 무엇이 필요하냐고
세상 모든 기척 향해 빗장 없는
마당으로 들어서라는 것인데
아무 말도 흐르지 않는 마른 강에
무성한 잡초들의 아우성을 보았지요
언젠가는 올 줄 알았다, 언젠가는
노을이 기운 네 등을 밀줄 알았다
땡감 영글어 휘어진 나무 아래
개똥참외 한 줄기 노랗게 웃었지요

수돗가에 앉은 옥잠화 한 무더기
백설처럼 환한 제 속의 그리움인지
폭죽처럼 펑펑 터지고요

빈집

어느 날부터
강정이 싫어졌다
먹어도 먹어도 손이 가는 그리움의
허기

불꺼진 날들을 주섬주섬 더듬어
스위치를 켰다
화들짝, 불빛만 놀라다 마는
멀뚱한 응접실 가죽소파는 봄이 와도
차다, 몸의 기억이 멈춘 웅덩이 그림자
무게만큼 울렁울렁한 침묵 속으로
고래 뱃속 같은 동굴이 자란다
하나의 입이 종일 기다려 삼킨
것이라곤 식은 밥풀 같은 쓸쓸함
커피포트를 벽에 꽂았다가
뽀글뽀글 끓어 사라지는 새떼들을 바라만 본다
가슴 그을린 추억 한 잔의 온기를 위해
되새김질로 사유에 드는 조용한 집
잃어버린 알맹이의 부재를 호명하면
울긋불긋 피고 지던 발자국의 향기만

차디찬 벽에 액자로나 걸려 있어

돌아선 채 오래 껴입은 침묵이
외투처럼 무겁다

춤추는 인간새

사계절 꽃이 핀다는 중국 운남성 쿤밍은
화려한 의상을 입은 여인들이 꽃이다
바이족 다이족 리쑤족 와족 이름도 다양한
오십여 소수민족이 알록달록 모여 사는 땅
자신들의 고유한 문화를 지켜 가는 샹그릴라
전통의상을 입은 150여 명의 배우들이 춤추는
영상가무 쇼는 지상 최고의 군무다
아이들도 어른들도 두 손 맞잡고 이땅에
피고 지는 자연의 친구처럼 춤추며 노래한다

1장, 붉게 타오르는 태양은 힘의 상징인 남자
땅에 씨를 뿌리고 농사를 짓던 지구인들 태초부터
모든 생명의 기원인 물을 갈망하며 기우제를 지
냈다

2장, 여인국 여자들을 찬양하며 손뼉 춤을 추는
남자들
3장, 지구상의 모든 남, 녀는 즐겁게 춤추고 사랑
하라
4장, 아이들은 자연에서 낳고 땅과 돌과 자연의

모든 친구와
놀면서 자라고 세상에 눈 뜨는 것이다 아이들의 춤과 노래는
우리와 한 민족 한 뿌리에서 나온 듯 낯이 익고 정겹다

5장, 달 속에서 꿈틀대며 움트는 생명이 한 마리 공작이 되었다
사람의 몸짓이었다니, 손가락 유희부터 발끝까지 여체의 실루엣
몸이 아닌 곡선의 그림자가 실체인 역설적 경이로움이다
춤추는 공작새로 무대의 삶이 전부인 그녀는 사람이 아닌 인간새다

내 존재의 영혼까지도 다른 생명에 온전히 불어넣고 혼신을 다한

까마귀가 부르는 노래

절간에 묵은 지 몇 일째
요사채 지붕 뒤 돌배나무에
아침마다 까마귀 날아와 운다
까악 까악 내지르는 소리
아침 먹자 불러대는 공중파로
퍼덕 퍼덕 아침 숲을 날다가
앞산 소나무 숲 어디쯤 걸렸는지
또 한 마리 까마귀가 받아 운다
'그래그래 내도 일어났다' 답하는지
내 방식대로 열리는 귀가 따시고
오가는 대화에 귀 기울이다 보니
침묵으로 등진 산 아래 길이 시리다
요란하여도 주고받는 장단의 노래가
있어 강산은 푸르고 꽃은 피었겠다

돌배나무 높은 가지에 앉아
날마다 아침을 깨우던 까마귀가
목청에 살던 나비마저 떠나보낸
내 오랜 침묵을 걷어간다
오늘은 나도 방문 열고 까악

까악, 쉰 목청 열어 울어본다

돌개구리 잠깨다

우수雨水에 젖은 산사의 느릿느릿한
정적을 흔드는 낯선 울음
놀랍게도 울음은 누군가 왔다 간 신호였다가
횡격막 부풀린 수 천 개의 호루라기
밤늦도록 머릿속을 휘저어놓고는
좁은 틈마다 쌓인 먼지를 씻어낸 듯
새벽 오자 소나기 같은 울음을 그쳤다

긴 겨울잠 깨어나
경칩은 멀고 귓불 만져보는 날
제 발자국 없이 움츠린 지상의 체온
봄의 문턱은 어디쯤인지
나무아미타불 염불 외는 스님 따라
기기기기 가가가가 그그그그~
내 안 희미해져가는 졸음의 귀에
스피커는 한바탕 소나기를 쏟고

신덕산 개울 물들이는 돌미나리 사이
울렁울렁 개구리알 무더기 무더기에
깨진 정적들 돌개구리 씨 되어

똘망똘망 쥐눈이콩으로 몰려있다

신발의 향기 1

댓돌 위 신발이 날개를 가진 것인지
종종 사라지곤 했다
오늘도 접었던 날개를 꺼낸 것일까?

"이놈 자식들 신발 어디로 물고 간 거야!"

종무소 자비보살님 목소리가
엄마의 호통처럼 하얀 맨발로
기도 중인 마당을 휘저었다

내려앉은 한낮 햇살이 놀란 듯
큰 눈 반짝였으나 다들 무표정이고

묵언에 익숙한 석탑 옆 측백나무도
둥근 마음 공중에 그리는 중이다

지나던 바람이었던가
처마 끝 풍경이 그만
딸꾹질하듯 침묵을 흔들었다

법당 처마 그늘에 배 깔고 앉은
천방지축 삽살개 두 마리 칸과 난
낡은 털신 한 짝씩 물고 신이 났다

세상 멀어질수록 그리움 자라는지
쿰쿰한 저 요람의 기억으로 가는
신발 한 켤레 노상 물고 산다

신발의 향기 2

점심공양 드시라
스님 모시러 갔더니
그림자 하나 없이 말끔한 댓돌 위
말없이 어디 길 떠나셨나
소리 없이 돌아와
밥상 치운 공양간
햇살이 기울도록 수다들 익어갈 때
기웃기웃 나타나신 스님 그림자
밥 안 주십니까?
당황한 공양주와 보살님들
홍시가 된 얼굴로 어찌할 줄 모르고
스님 외출하신 거 아니셨어요?
댓돌에 스님 신발이 없던 데요.
…
개가 어디 물어다 놨네요.
그런 줄도 모르고 신발이 안 보여
어디 가셨나 했지요.

스님 운동화 물고 간 그 녀석들
어느 먼 곳의 향기 그리웠겠지

신발의 향기에는 떠나온 길이
가물가물 아련할 테니

막차

집으로 돌아가는 길은 아직
끝나지 않고 제자리 찾아드는 어둠과
움츠린 몸 부딪는 시간
어디론가 돌아갈 오늘의 마지막 티켓은
내일의 연장선이란 노선까지 확보한 셈
잠들지 못한 채 졸고 있을 도시를 향해
11시 부산행 기차가 달리고 있다
놓친 시간의 공허와 막차시간의 기다림
사이 술잔이 기울었는지 중년 사내 넷이
잘 익은 대추를 수확하듯 대화를 털어낸다
간간이 스마트폰 화면이 유리창에 영사기를 돌리고
책을 펼친 눈꺼풀도 노트북의 무선망도 아직
로그인 상태
어둠을 헤쳐 가는 기차의 둥근 발이 요란하다
정적이 깊을수록 예민한 귀들이 뒤척인다
약속된 경유지를 향해 어둠의 들판을 가로지르는
2시간 36분간의 요란한 질주 끝에 닿은 종착역
어둠의 여백을 깨우며 달리는 기차처럼 삶도
내린 적 없는 낯선 인생역을 거쳐야 하는 것

싸한 새벽 공기에 호~ 하얀 입김을 내뿜으며
기차가 오늘의 먼발치에 하루 일과를 부리다

수목원에서

무대를 내려서는 미인의 미소처럼
수목원이 다 환했을 꽃 아그배나무 그늘 아래
화려했던 날의 기억처럼 이름표가 서 있네
신록은 질풍노도의 청춘처럼 주저 없이
세상을 향해 전력투구로 질주하는 계절
생의 길목 휘어지도록 대롱대롱 줄지어 오는
금낭화 붉은 꽃물결 눈물겨워
나도바람꽃 너도바람꽃으로 흔들리는 봄이네
메타세쿼이아 가로수 길목에서
사내아이 쪽으로 몸을 기대며 한쪽 다리를
들어 올려 보는 여자아이 어설픈 몸짓에
엉거주춤 기운 각도 감싸 안고 웃는, 김치
송이송이 벙그는 꽃들아 하나 둘 셋!
청초한 풋내에 셔터를 눌렀네
푸른 날의 배경이 잠시 멈추었네

제4부

그늘방석

뙤약볕 내리쬐는 벌판
에어컨 속으로 종종걸음들 멀어지고
이파리만 무성해져 가는 길목
끝물에 용쓰던
풋고치 한 무디
땅만 보며 굽어가던
가지도 한 무디
쪼매 전까지도 펄펄 살었다는
용심이 드러누운 열무도 한 무디
동네 마트 앞 은행나무 아래
고만고만 펼쳐놓고
쪼글시 앉은 할매도
한 무디다

벚꽃

한바탕 비 다녀간 주말
춘삼월 부푼 꽃들 타작하듯 훑어가는 봄비에
꽃상여 간다, 훨훨
나무의 품을 떠나는 화무華舞

젖은 날갯짓 빗방울 마다 눕는다
바람 난 꽃들의 날개가 부러진다
봄, 만개한 기다림의 끝
하루살이 날갯짓이다

상사화

가을볕에 활활 타오르는
사랑의 불씨, 어느 생의 길목
붉게 물든 호숫가를 슬픈 짐승이 되어
바라보고 있어요
긴 속눈썹에 빨간 마스카라 칠하고
닿을 수 없는 그리움만 태우며

나풀나풀 제비나비 날아와 앉았다
가고

석양에 노을 붉게 번지다 가고
또 가도

죽도록, 혼자 타오르는
불꽃

달개비 꽃

골목길 담장 밑에
조그만 청보라 꽃
귀 쫑긋 세워 똘망 똘망
지나가는 발자국 세고 있는지
길게 뻗은 속눈썹 앞서 자라는
어릴 적 꼬맹이 여동생 같다
지루한 땡볕 졸고 있는 논길에
언니 오빠 기다리다 쭈그려 앉아
하교 길 지킴이로 목 빼고 있던

지천명

내 나이 오십
벌써 이렇게나 살았다니
나무로 치면 쓸모 있는 재목은 될 나이
이러저리 서둘러 뛰어다니다
흥건히 젖던 땀도 식어가고
가을 길목에 들어 들녘 바라본다
들판에 피는 억새처럼 어느새
가려운 머릿속에 번지는 애년艾年밭
멀리서도 어른인 것 알아보라고
이 고개 넘을 즈음 흰머리 돋는다는데
나는 어른이 되었는지
나는 무엇이라도 되었는지
하늘 뜻 조금은 알 것도 같다고
고개 끄덕여보지만 아직도
오늘 가는 길은 어제의 길이 아닌
새로 난 길이다

비오는 날의 시험지

함께 걷던 길이 젖고 있었지
우리 인연은 여기까지라고
테이블을 내려치고
빗줄기 속으로 나섰는데
아니라고, 다 아니라고 좍좍
사선을 내리긋는 하늘
그러나 세상은 잘했다고
인생은 이렇게 속 시원히
내리쳐야 하는 것이라고
바닥도 지붕도 젖은 어깨도
두두두두 두두두 두드리며
난타공연으로 열광이었지

짙어가던 발자국 지날 때
지워버릴까 망설이던
낙서의 흔적 같은
골목길은
굳세게 걸어도
절름발이처럼 한쪽이 자꾸
기우뚱 기울고

후두둑, 우산을 두드리는 빗줄기에
자꾸만 멈칫, 걸음이 부러졌어
토막난 몽땅 연필들처럼
뒹굴다 멀어져 간 너의 말은
내리긋는 비에 틀린 답이 되고
축축하게 젖고 있는 마음은
찢어진 종잇장이 되어
안녕이라 쓸 수가 없다

초승달

가느다란 조각달 떠 있는
일광해수욕장 지나는 길
층층 쌓인 찐빵냄비 가득
속살 하얀 보름달 빚어
모락모락 구름안개 피워 올리는
호빵집 앞
한 입 베어 물고
너는 상현달이라 하고
한 입 베어 물고
나는 하현달이라 했다
팥 앙꼬는 아직 달콤했지
오랜 시간들 아득하여도
문득 떠오르는 향수
홀로 떠돌다 오늘도
저 먼 하늘에 웃고 있는
너 한 입, 나 한 입
일광 지나는
저 달
열사흘 낮과 밤
태양이 삼키고 어둠이 뱉어 낸 동안에도

잇 자욱 흠 하나 없이
누군가 한 입
또 한 입

거꾸로 뒤집어도 실실실 저
눈웃음

'함께' 라는 길

삶의 질곡에서는
멀쩡하기를 고수하지 마라
바른 생활에 길들여진 사람들아
취해야 보이는 세상이 있다
경계 없이 촉수를 내리고
마음의 문 열어야 네가 스민다
알 수 없는 끝이라도 같이 가자
손 내밀 때 보이는 내면이 있다
무너져 보았을 때
주저앉아 보았을 때
보이지 않던 것조차 다 보게 되는
비로소 함께 흔들리는
꽃길이 있다

주상절리, 도미노

경주 양남면 읍천리 해안가
부챗살 펼쳐 누운 주상절리
까마득한 역사 어디쯤 무료했을
신들은, 정교한 돌기둥 도미노를
마법에 걸어놓고 오간 데 없다
철썩, 철썩 먼 바다 주문들을
있는 힘껏 용솟음쳐 외쳐도
천 년을 까딱없이 바다에 누워
상념에 든 흑국 한 송이 피웠다

꿈에도 잠들지 않는 파도의 노래
시들지 않는 바위꽃에 절규할 때
주상절리는 새하얀 국화로 피기도 한다

겨울 은하사

찬바람에 얼어붙은 마음
한낮 햇살에 꺼내놓고
은하사 돌계단 오른다
아름답게 빛나는 것은
쉽게 가질 수 없는 것은
높을 곳을 향해 멀리 있다고
계단이 허리를 세운다

담벼락에 기대있던 통나무들
날마다 하늘 향해 두 손 모았는지
생솔 순이 싹트는 감천感天을 보았다
바람이 쓸고 간 하늘 강
발자국 하나 없이 푸르다
마당 가득 햇살 머금은 측백나무 혀끝에
금테를 두르는 시간을 돌아
선방 기둥에 머리 셋 달린 거북을 만나고
응달에 맺힌 고드름 녹아 흐르는
낮은 곳으로 돌아서는 하산 길
은하사 연못 가운데 청동불상
꽁꽁 언 빙판에 갇혀 계신데

열린 길 들어 나란히 앉은 남녀
인증 샷을 날리는 '김치' 소리에
세상이 환해진다

능가산, 내소사

유월 전나무 숲길조차 혀는 석 자나
늘어지고 내소사 드는 흙길 걷는
이마도 콧잔등도 땀방울 풍년이었다
종이컵 가득 까만 오디를 내밀어
반기던 내소사 입구
먼 길 달려 대면한 대웅보전은
가장 고결한 지상의 민낯
화장기 없는 어머니 얼굴로
날마다 능가산 향해 정갈하시다
내소사에 가면 후불벽화에 숨은
푸른 옷의 백의관음보살좌상
만나 보라는데
안내 신도의 통화가 엿가락처럼
늘어졌지, 누각 기둥 주춧돌에 앉아
깍듯이 허리 꺾은 소나무 사이
대웅보전 누드 신 한 컷 찍었지
문살에 송이송이 새겨진
연꽃 국화꽃 햇살에 피고 지는
우리 강산 곳곳마다 사찰 있지만
능가산 내소사에 가면

법당 후면에 그려진 백의관음보살좌상
꼭 한 번 만나고 오라

채석강, 노을

물에 뜬 달을 건져
이태백을 안주 삼아
권주가나 뽑아볼까
채석강 바라만 보아도
절로 물드는 취기
지구 한 귀퉁이에 신발 끈
풀어놓고
출렁출렁 비틀대는 파도
격포항까지 흘러 와서는
층층 쌓인 바위절벽 앞에
긴 여정의 회포를 푼다
채석강 저 웅장한 바위는
긴 세월 목록 없는 기록서
쌓이고 또 쌓인 지구상의 일기
꺼내 읽기엔 너무 많은 역사
흔적 없이 오늘이 가기 전에
해초 향긋한 바위에 앉아
응어리진 보따리 풀어 헤치고
종일 달려와 몸 푸는 저 해처럼
뜨겁게 안아주는 엄마의 바다처럼

뜨겁고 붉은 피 토해보자
저 바다와 석양의 상봉처럼
오늘 만이라도, 오늘만이라도
채석강 홍해가 되어보자

여름밤의 세레나데

밤늦도록
개구리 합창단
개굴개굴, 개굴개굴
밤이 깊어도 개굴, 개굴
까만 속 태우며
목청을 닦는다
세상소리 잠든 후에
그대를 만나 별을 따야 한다고
잠 못 드는 세상이 요란하다

18층 창 밖
사생결단의 무대
더 크게
더 높이
더 간절하게
울어라 울어
너의 진정한 호소가
내 심장 흔들 때까지

나는, 아포가토

갑자기 불어난 커피 카페가 늘고
문밖을 나서면 코끝을 유혹하는 커피향
이제 유럽에 가지 않아도 유럽 스타일은
이 거리를 잠식하고 있어
날마다 묽어지는 아메리카노는 싱거워
어제의 얼굴이 쉽게 지겨워지는 오늘이면
은행잎이 떨어져 뒹구는 창가에 앉아
아프리카 사막을 건너다 까맣게 타버린
검은 활자들을 갈아 마셔버리고 싶어
고독조차 쓸쓸해지는 시집들은 덮어두고
사이좋은 젊은 부부가 상냥하게 웃어주면
나는, 아포가토
차고 달콤한 젤라또 아이스크림에
지독하게 쓴 에스프레소를 끼얹어주세요

□ 해설

놀이의 신바람으로 더불어 사는 세계

이경호 / 문학평론가

'곳'이라는 독특한 필명을 내세운 김곳 시인의 이번 시집에서 자주 눈에 띄는 '곳'들은 '바다'와 '사찰'입니다. '정처 있는 곳'이 아니라 '정처 없는' 여행과 수행의 성격을 간직한 곳들인 셈입니다. 정처 없는 바다를 동경하는 마음은 "나는 이른 나이에 벌써 멀어지는 바다를 그리워했다/내 꿈은 언제나 수평선 너머 흰수염고래를 뒤쫓았으나/파도의 물거품 되어 다시 일어선 연습으로/생의 바다를 걷고 또 걷는 중이다"(「발자국의 배후」)에서처럼 바다에 대한 동경을 좌절하게 만드는 현실의 확인으로 서술되고 있습니다. 이러한 동경과 좌절은 보편적인 시쓰기의 행로이니 의미로운 탐색은 그런 행로에 새겨진 구체적인 자취를 더듬는 일이 되겠습니다.

시집의 표제작인 「고래가 사는 집」은 그런 바다에 대한 동경을 문제 삼는다는 점에서 주목할 필요가 있습니다.

바다는 모든 물고기에게
푸른 세상일까, 그곳이 전부였던
물비린내 나는 가엾은 지느러미들아
못 본 척 밤낮 네게 눈 뜬 외눈박이
가로등이 묻는다
어둠을 탐하는 일 유일한
어둠이 내 품속이었던 간 밤 전율하며
금지되어 더 까맣게 타는 갈증의 밤이다
한 마리 고래가 망망대해
먼 곳을 떠돌다 들어서는 2층집에
오늘 콧노래가 흐르고
너와 나는 한뎃잠 안아줄 온기가 필요해
수염 돋던 첫 밤인 듯 사랑스러운 고래
엉덩이 실룩거리는 불빛 보드라운 밤
얼룩진 소금꽃자리 마른 등을 파도가
찰박찰박 몸 비벼 슬어주는 해변의 집
네 품으로 자꾸만 눈이 돌아간다

– 「고래가 사는 집」 전문

'외눈박이 가로등' 의 물음은 바다에 대한 '푸른' 동경을 외면할 수 없으면서 외면하는 척하는 현실적 자세를 일깨웁니다. '외눈박이' 는 가로등의 실제적 형상을 묘사하고 있지만 상처 입은 삶의 존재 조건을 암시하고 있기도 합니다. 상처 입은 시선으로 바라보는 바다의 모습은 그렇게 "푸른 세상"으로만 여겨지지는 않기 때문입니다. 자유롭게 유영하는 삶을 허락할 수 없는 바다의 존재 조건은 앞에서 인용한 「발자국의 배후」에서도 이미 밝혀진 바 있습니다.

> 오후 햇살이 허공을 건너오는 서녘의 바닷가를
> 검정 단화 신은 그대와 걷는다
> 노동이 만들어낸 근육으로 풍랑을 헤쳐 달려온
> 고깃배들처럼
> 푸른 바다는 만선의 햇살 부리고 있다
>
> —「발자국의 배후」 부분

어릴 적 품었던 "푸른 바다"의 밝은 색감은 "검정 단화"의 차분하거나 어두운 현실적 색감과 어울리고 있습니다. 따라서 "푸른 바다"가 부려내는 "만선의 햇살" 속에는 "노동이 만들어낸 근육으로 헤쳐 달려온" 가파른 인생의 자취가 배어있는 것입니다. "푸른 바다"를 가파른 생의 조건으로 결박 지을 때 자연스럽게 매개체의 역할을 수행하는 것이 '기차'의 이미지입니다. 그것은 육지에서 바다로 나아가기보다는 바다에서 육지로 돌아가야 하는 고달픈 생의 여정을 환기시키는 데 일조합니다.

집으로 돌아가는 길은 아직
끝나지 않고 제자리 찾아드는 어둠과
움츠린 몸 부딪는 시간

–「막차」 부분

동해 남부선, 여기는 삼 포 별바다 이별역
복선되면 끊길 기차소리, 수직으로만
목이 길어지는 소나무 다리들 사이로
이별 통지서 같은 안내문을 읽고 가네

–「이별로 가는 기차」 부분

바다를 향하기보다 바다를 끼고 달리는 "동해 남부선"조차 끊어질 운명에 처해 있는 현실과 "별바다 이별역"이라는 호칭 속에서 바다를 향한 꿈을 접어야만 하는 삶의 현실을 암시하는 기차의 존재 조건도 그렇고, "수직으로만/목이 길어지는 소나무 다리"와 "이별 통지서 같은 안내문" 도 그렇게 고달픈 생의 조건을 환기시키기에 충분합니다. 그렇다면 사찰은 어떨까요?

찬바람에 얼어붙은 마음
한낮 햇살에 꺼내놓고

은하사 돌계단 오른다
아름답게 빛나는 것은
쉽게 가질 수 없는 것은
높을 곳을 향해 멀리 있다고
계단이 허리를 세운다

—「은하사」 부분

우선 '은하사' 라는 이름부터가 그렇지요. 밤하늘의 '은하수'를 연상하게 하는 맑고 드높은 이름. 그 이름과 어울리게 차고 맑은 겨울에 밝은 한낮 햇살을 앙상블로 만들어놓고 있습니다. 맑고 드높은 이상은 "돌계단 오른다"와 "계단이 허리를 세운다"에서도 확인됩니다. 이 마음이 시인으로 하여금 부안 내소사의 맑은 단청을 비롯하여 전국의 사찰들을 일주하게 만드는 듯합니다. 그런데 이런 마음을 깨뜨리는 재미있는 파격을 제시해놓은 시편들이 이번 시집의 적지 않는 성과로 시선을 사로잡습니다. 가령 다음과 같은 「은하사」 종결부의 5행은 가벼운 재치로 엮어내는 소품에 불과하면서도 그런 파격의 서두 부분을 장식할 만합니다.

은하사 연못 가운데 청동불상
꽁꽁 언 빙판에 갇혀 계신데
열린 길 들어 나란히 앉은 남녀

인증 샷을 날리는 '김치' 소리에
세상이 환해진다

"청동 불상/꽁꽁 언 빙판에 갇혀"있는 형국과 대비되는 "열린 길 들어 나란히 앉은 남녀"의 존재 성격이 파국의 단면을 구성하고 있습니다. "열린 길"의 삶이 높은 길의 삶을 압도하는 형국 속에서 단연코 돋보이는 묘미는 해학입니다. 우리 현대시에서는 시단의 엄숙주의 탓인지 별로 번창하지 못한 해학은 이번 시집에서 파격을 이끌어가는 주도적 역할을 수행하게 됩니다.

댓돌 위 신발이 날개를 가진 것인지
종종 사라지곤 했다
오늘도 접었던 날개를 꺼낸 것일까?

"이놈 자식들 신발 어디로 물고 간 거야!"

종무소 자비보살님 목소리가
엄마의 호통처럼 하얀 맨발로
기도 중인 마당을 휘저었다

내려앉은 한낮 햇살이 놀란 듯
큰 눈 반짝였으나 다들 무표정이고

묵언에 익숙한 석탑 옆 측백나무도

둥근 마음 공중에 그리는 중이다

지나던 바람이었던가
처마 끝 풍경이 그만
딸꾹질하듯 침묵을 흔들었다

법당 처마그늘에 배 깔고 앉은
천방지축 삽살개 두 마리 칸과 난
낡은 털신 한 짝씩 물고 신이 났다

세상 멀어질수록 그리움 자라는지
쿰쿰한 저 요람의 기억으로 가는
신발 한 켤레 노상 물고 산다

–「신발의 향기 1」 전문

두 가지 방향으로 팽팽한 겨룸을 나누는 존재 행위와 사물의 풍경이 이 작품의 흐름을 인도하는 해학과 어우러지며 가볍지 않은 삶의 진실을 일깨우는 솜씨를 발휘하고 있어서 단연코 돋보입니다. 미리 단언커니와 시인 김곳의 행보는 이런 시의 육체성을 만끽하는 작업에서 바람직한 성취를 이룩해나갈 것으로 기대가 됩니다.

먼저 작품의 제목이기도 한 '신발'의 팽팽한 겨룸부터 살펴볼까요? "신발이 날개를 가진 것인지/종종 사라지곤 했다/오늘도 접었던 날개를 꺼낸 것일까?"로 시작되는 겨룸은 '신발의 날개'를 두 가지 방향으로 펼쳐보이게 만드는 호기심의 팽팽한 내역을 제시합니다. 그 내역은 호통과 침묵, 엄숙함과 신바람의 대결입니다. 대결의 주체들은 "자비보살님"과 "삽살개"들인데, "한낮 햇살"과 "측백나무", 그리고 "지나던 바람"도 그 대결에 휘말려버린 형국입니다. 이 대결에서 본래 사찰을 감싸고 돌던 고요하고 엄숙한 분위기는 삽살개들이 연출해내는 신바람의 분위기에 압도되어가는 과정을 보여줍니다. 이런 역전의 유쾌하고 발랄한 정황이 일깨우는 진실은 "세상 멀어질수록 그리움 자라는지"에 함축되어 있습니다. 속세로부터 분리되기보다 소통하는 가치를 일깨우는 삽살개들의 신바람이 신발의 더러움을 향기로 바꾸어놓는 신통력을 발휘하고 있는 것입니다.

놀이의 신바람은 삶의 절실한 그리움을 태동시켜서 "호빵집 앞/한 입 베어 물고/너는 상현달이라 하고/한 입 베어 물고/나는 하현달이라 했다/…(중략)…홀로 떠돌다 오늘도/저 먼 하늘에 웃고 있는/너 한 입, 나 한 입"(「초승달」)의 상상력을 부추기기도 합니다. 물론 그리움의 이름으로 이번 시집에서 자주 호명되는 것들은 고향과 사라져가는 세계의 풍물들입니다.

고향집 향한 사내의 심장이
처음 가출하던 기억의
귀환으로 벌떡였지요
평생 입던 노모의 허물이 된 집
감추어야 할 무엇이 필요하냐고
세상 모든 기척 향해 빗장 없는
마당으로 들어서라는 것인데
아무 말도 흐르지 않는 마른 강에
무성한 잡초들의 아우성을 보았지요
언젠가는 올 줄 알았다, 언젠가는
노을이 기운 네 등을 밀줄 알았다
땡감 영글어 휘어진 나무 아래
개똥참외 한 줄기 노랗게 웃었지요

수돗가에 앉은 옥잠화 한 무더기
백설처럼 환한 제 속의 그리움인지
폭죽처럼 펑펑 터지고요

–「옥잠화 피는 집」 전문

이번 시집의 또 다른 축을 형성하고 있는 전통 서정을 표현해내는 그리움의 내역 속에서 돋보이는 것은 "휘어진" 삶의 연륜과 아픔을 담아내고 있는 고향의 풍물과 정취입니다. 그런데 상처를 담아내는 자연의 초목들에서마저도 시인의 본성이 그러한지 환한 웃음기의 자취는 여전합니다. 지금은 퇴락해 버린 고향집의 정취는 쓸쓸함 속에 갇혀 있지 않아서 "개똥참외 한 줄기 노랗게 웃"어대고, "수돗가에 앉은 옥잠화 한 무더기/백설처럼 환한 제 속의 그리움인지/폭죽처럼 펑펑 터지"는 풍경을 연출해 내고 있기 때문입니다. 이런 신바람과 웃음기는 근원적으로 더불어 살아가는 삶의 가치에 대한 굳건한 신뢰에서 비롯된 듯합니다.

> 삶의 질곡에서는
> 멀쩡하기를 고수하지 마라
> 바른 생활에 길들여진 사람들아
> 취해야 보이는 세상이 있다
> 경계 없이 촉수를 내리고
> 마음의 문 열어야 네가 스민다
> 알 수 없는 끝이라도 같이 가자
> 손 내밀 때 보이는 내면이 있다
> 무너져 보았을 때
> 주저앉아 보았을 때
> 보이지 않던 것조차 다 보게 되는
> 비로소 함께 흔들리는
> 꽃길이 있다
>
> –「'함께' 라는 길」 전문

더불어 살아가는 삶의 이치로 김곳 시인이 독특하게 내세우는 자세는 "멀쩡하기를 고수하지 마라" 입니다. 이런 자세를 다른 말로 "취해야 보이는 세상이 있다"라고 말해보기도 합니다. 실제로 김곳 시인이 애주가인지도 모르겠으나 이 말 속에는 다른 암시가 깔려 있습니다. 그것을 시인은 "마음의 문 열어야 네가 스민다"라고 말해 봅니다. 술이라도 한 잔 마시면 마음이 넓어져서 함께 살아가려는 자세가 도모되는 효과가 생긴다는 말일 것입니다. 관계 트기에 대한 사명감은 아집에 대한 반성과 함께 자라나는 법이라서 "트라우마를 가진 알맹이는/밖으로 나아가야 할 내면/알맹이가 아프면/껍데기도 아프다/오늘/세상을 향해 단단한 방패를/두르지만, 내부의 공격은/대물림처럼 따라 붙는다"(「껍데기의 단상」)는 자책을 토해내게 만듭니다.

자기 집착에서 벗어나 함께 어울리는 삶의 진경을 도모하는 일에 놀이의 신바람만큼 적실한 시쓰기의 방법을 찾아내기도 어려울 것입니다. 놀이야말로 가장 자연스럽게 어울림의 효과를 발휘할 수 있기 때문입니다. 나와 너를 어울리게 만들고 인간과 자연을 어울리게 만드는 시의 세계, "사랑스러운 고래/엉덩이 실룩거리는"(「고래가 사는 집」) 춤 속에 인간과 자연이 함께 어우러지게 만들 수 있는 상상력을 발휘하는 김곳 시인의 또 다른 작품들을 기대해봅니다.

고래가 사는 집

시와사상 시인선 22

찍은날 | 2014년 12월 24일
펴낸날 | 2014년 12월 31일

지은이 | 김 곳
발행인 | 김경수
펴낸곳 | 시와사상사
부산광역시 금정구 부곡동 325-36번지
전화 : 051-512-4142
팩스 : 051-581-4143
E-mail : sisasang@dreamwiz.com
http://www.sisasang.co.kr

등록번호 | 제05-11-7호
등록일자 | 2005년 7월 18일

인쇄처 | 도서출판 세리윤

값 8,000원

ISBN 978-89-94203-12-6 04810
978-89-958264-1-6(세트)

• 본 도서는 2014년 부산문화재단 지역문화예술육성지원사업의 일부지원으로 시행됩니다
• 이 도서의 국립중앙도서관 출판예정도서목록(CIP)은 서지정보유통지원시스템 홈페이지(http://seoji.nl.go.kr)와 국가자료공동목록시스템(http://www.nl.go.kr/kolisnet)에서 이용하실 수 있습니다. (CIP제어번호 : CIP2015000089)
• 잘못된 책은 바꾸어 드립니다.
• 지은이와 협의에 의해 인지는 생략합니다.